- Collection "Théâtre à l'affiche" -

13

D1390999

A Alain

L'auteur, Luc Tartar

Luc Tartar, auteur et comédien, est né en 1963.

Il a été boursier du Ministère de la Culture (1997) et du CNL (2001-2004). Il a par ailleurs bénéficié de plusieurs résidences d'écriture (La Chartreuse de Villeneuve-lez-Avignon, le Théâtre d'Arras, le Centre des Auteurs Dramatiques de Montréal) et faisait partie des auteurs invités dans le cadre de la première Rencontre d'Auteurs Dramatiques organisée par le Centre des Ecritures Dramatiques Wallonie-Bruxelles.

En tant que comédien, il a notamment joué sous la direction de Stuart Seide dans *Amphitryon*, de Molière, et dans *Le quatuor d'Alexandrie*, d'après Lawrence Durrell.

Il est actuellement auteur associé au Théâtre d'Arras.

Il a écrit pour le théâtre :
- *La bonne franquette*
- *Zéro*. In *Brèves du Terral 1*. Domens, 1997
- *Lucie ou Le fin mot de l'histoire*. In *Nouvelles écritures 2*. Lansman, 1998
- *Les Arabes à Poitiers*. Lansman, 1999
- *Terres arables*. Lansman, 2000
- *La dame blanche*. In *Embouteillage*. Théâtrales, 2002
- *Papa Alzheimer*. Lansman, 2003
- *Information sur le schnaps*. Lansman, 2003
- *En voiture Simone*. In *La scène aux ados 2*. Lansman, 2004
- *Petites comédies de la vie*. Lansman, 2004
    - *L'abécédaire*
    - *Starting-blocks*
    - *Monsieur André Madame Annick*.
- *Estafette - Adieu Bert*. Lansman, 2005
- *Madame Placard*
- *S'embrasent*
- *Roulez jeunesse*

Il est également l'auteur d'un roman, *Le marteau d'Alfred*, paru aux éditions de l'Amandier en 2005.

D/2005/5438/504   ISBN 2-87282-503-7

Luc Tartar

Estafette - Adieu Bert

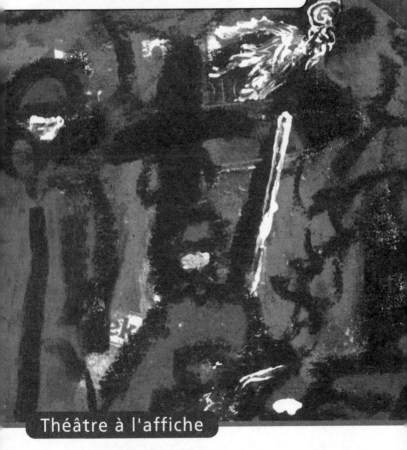

Théâtre à l'affiche

Lansman

Les personnages :

Dans *Adieu Bert* :
- Le soldat
- Anselme, jeune mineur
- Gueule cassée
- Rose, sa femme

Gueule cassée porte un casque de mobylette qui laisse apparaître une grosse moustache.

Dans *Estafette* :
- Gus, fantassin
- Toinou, estafette chargée de transmettre courriers et dépêches
- Jacquot, soldat s'occupant des pigeons militaires
- Rose, jeune couturière

Adieu Bert se déroule plusieurs dizaines d'années après *Estafette*.

Estafette-Adieu Bert est à l'origine un diptyque composé de deux textes écrits à quelques mois d'intervalle : *Estafette* a été écrit en résidence au Théâtre d'Arras entre janvier et mars 2001 et *Adieu Bert* a été écrit en résidence à la Chartreuse de Villeneuve-lez-Avignon à l'automne 2001. Envisagés dans un premier temps dans l'ordre chronologique d'écriture, les textes sont ici réunis, sur proposition de Gérald Dumont, *Estafette* s'insérant comme un flash back au sein même de *Adieu Bert*.

L'auteur a bénéficié, pour l'écriture, d'une bourse du CNL, puis de l'aide à la création du Ministère de la Culture en février 2004.

*

Création au Théâtre de la Tête Noire à Saran le 20 octobre 2005, dans une mise en scène de Gérald Dumont.

Avec : Alexandre Carrière, Bastien Crinon, Cédric Duhem et Florence Masure.

Scénographie : Patrick Smith. Lumières : Xavier Boyaud. Décors : Frédérique Bertrand. Son : Gérald Dumont.

Coproduction : Théâtre K. et Théâtre de la Tête Noire à Saran. Avec le soutien du Théâtre missionné d'Arras, de Culture Commune - Scène Nationale du Bassin Minier du Pas-de-Calais, du Conseil Régional Nord-Pas-de-Calais, du Conseil Général du Nord, du Conseil Général du Pas-de-Calais, du Ministère de la Culture - DMDTS (Aide à la Création), de la DRAC Nord - Pas-de-Calais et de l'Adami.

Le Théâtre K. est associé à Drama Makina Produktions.

Adieu Bert (I)

Un champ de bataille devenu "lieu du souvenir". Une esplanade. L'herbe est verte, un drapeau blanc flotte en haut d'un mât, on aperçoit un magasin (cartes postales et boules à neige). La terre est ouverte en deux, une longue déchirure à même le sol qui laisse apparaître, en bas, au fond du trou, une porte : l'entrée de l'ossuaire.

La veine Cécile

La scène est plongée dans le noir.

Anselme : Il n'est pas sept heures du matin. (Je n'ai pas encore mangé mon casse-croûte). J'attèle mon cheval à une berline de terre. Une détonation sèche. Un coup de canon. Secoué mais rien de cassé.

Rose *(OFF)* : Gus ?

Anselme : J'ai pissé sur ma boîte d'allumettes. Elle est foutue. J'ai mangé mon sac à pain le papier que j'avais dans les poches et jusqu'à la mèche de la lampe. Un peu d'eau sale au fond d'un puits. Je commence à grignoter ma chemise. Fouille les cadavres à la recherche de leurs casse-croûte.

Rose *(OFF)* : C'est toi ?

Anselme : Des allumettes.

Il craque une allumette, puis deux, puis trois. Petites flammes qui vacillent et s'éteignent. On l'aperçoit furtivement. C'est un enfant. Il porte sur la tête une sorte de turban.

La bistoul'. Du café avec un peu d'alcool. L'eau est recueillie goutte à goutte au fond d'un puits et filtrée à travers l'étoffe d'un vieux veston. Est-ce la nuit ? Est-ce le jour ? Quel jour ? J'ai mis une couverture de cheval sur ma tête pour protéger la brûlure que je me suis faite en tombant sur la lampe. Cette couverture est pleine de vermine et les asticots envahissent la plaie.

Rose *(OFF)* : Sales bêtes. Je ne m'y ferai donc jamais.

Anselme : Ils mangent les microbes et empêchent la blessure de s'infecter.

La porte s'ouvre. Entre Rose, une vieille femme en blouse à fleurs. Elle tient une lampe semblable à celles des mineurs et une sorte de grande boîte à chaussures en fer blanc.

Rose : Chaque jour je vous entends couiner derrière cette porte. Vous grignotez les chairs et vous bouffez les yeux des morts. Empêchant toute reconnaissance des cadavres. Vous n'avez pas la moindre pitié pour nos enfants. Vous les avalez avant qu'on ait le temps de les enterrer. Mélangeant dans un grand festin les membres de l'état-major les soldats du rang et leurs ennemis. A cause de vous tous nos soldats sont inconnus éparpillés en petits tas d'os fragiles qu'il nous faut ramasser et répertorier.

Anselme : Une orange sur un cadavre.

Rose : Je cherche un prénommé Gus mais ça ne vous dira rien. Il est tombé au petit matin un jour de mauvaise pluie. Quelque temps après l'explosion de la fosse quatre. Il est mélangé là-dedans à ces frères de misère. Je le cherche depuis longtemps. Je le retrouverai.

Anselme : Un briquet.

Il allume le briquet. On découvre une cavité souterraine, l'ossuaire.

Il n'est pas sept heures du matin. Un incendie dans la veine Cécile. Des explosions en chaîne. Le puits où se trouvent les échelles s'est effondré. On ne peut plus remonter. Je croise trois survivants. On fait la route ensemble. J'en perds deux dans le noir et avec le dernier on se couche dans une zone de puteux - mauvais gaz. Il dit "Maman". Moi je rêve de raisin.

Rose, *ouvre la boîte* : Celui-ci je l'ai longuement observé à la lumière de ma lampe. Je l'ai retourné dans tous les sens et numéroté. Il est fin prêt. Il manque un petit bout du tibia mais c'est comme s'il était entier.

Anselme : Je me réveille. Je rampe. Je frappe contre des tuyaux à air comprimé. Personne n'entend mes appels. Là-haut tout est fini. Les enterrements. Les grèves. On n'attend plus de remontées. Je tombe sur une porte. Je frappe mais je n'y suis pour personne. On n'a rien vu venir. Ni le manque d'air dans les veines ni l'inquiétude des chevaux. Un jour quelqu'un ouvrira la porte. Quel jour ? Longtemps après. Un petit matin gris qui paraîtra éblouissant.

Rose : Il partira demain matin escorté par la garde nationale prendra le plus beau des bateaux à voile descendra lentement le fleuve traversera l'océan et sera accueilli en grandes pompes sur sa terre natale. Son pays l'a reconnu à ses boutons. Je peux bien le laisser partir. Le fémur est petit et le bassin trop étroit. Et puis j'ai passé le bout de ma langue sur sa rotule. Ça a le goût des grands espaces et des alcools forts. Rien à voir avec Gus.

Anselme : Quelqu'un ouvre la porte et se jette à mes pieds. Mon sauveur. Je ne peux même pas te faire de l'œil. Je n'ai plus d'yeux. Ils ont été bouffés par les rats.

Rose, *REFERME LA BOÎTE ET TAMPONNE LE COUVERCLE* : Bon pour sortie.

ELLE SORT.

Anselme : Gus. Drôle de nom pour un soldat.

LA PORTE SE REFERME. NOIR.

Un mouchoir en dentelle

DANS L'OBSCURITÉ, ON DÉCOUVRE UN SOLDAT ALLONGÉ SUR LE SOL.

Le soldat : Je me réveille et ne reconnais pas ma chambre. Où suis-je ? Pas dans mon lit en tout cas. Ces draps sont rêches et me tombent sur la tête. J'ai froid. Il y a du monde là-dedans mais je ne reconnais pas ma tapisserie. Qui est là ? Quelqu'un est allongé à côté de moi qui a piqué toute la couverture. Je ne peux pas bouger. Mes pieds ont gonflé. La peau collée au cuir de mes godillots. Je suis un soldat. Mes mains ?

On dirait qu'elles ont disparu. Sans doute un faux mouvement en manipulant Rosalie la baïonnette avec laquelle je me cure les ongles. Qui sont tous ces gens qui entrent dans ma couche alors que j'étais seul dans mon trou depuis plusieurs jours ? Je me blottis contre eux mais ne parviens pas à me réchauffer. De quel côté ai-je combattu ? Maman. Ce drap qui m'arrache le visage est-ce que c'est mon linceul ?

Anselme : Tu en as mis du temps pour remonter...

Le soldat : Ami ou ennemi ?

Anselme : Je suis un enfant. Pas un soldat.

Le soldat : Mort toi aussi ?

Anselme, *SOULÈVE SON TURBAN* : Les asticots sont rentrés par la plaie. D'abord ils ont mangé les microbes et empêché la blessure de s'infecter. Après les gourmands sont entrés en masse dans ma tête et ont fait comme chez eux. Ils ont voyagé dans mon corps ils grouillaient sous la peau me sortaient par le nez les oreilles. Je suis mort tout doucement. Bien après l'explosion dans la veine Cécile.

Le soldat : Un enfant. Tu fais plus que ton âge...

Anselme : Toi aussi tu portes la moustache...

Le soldat : Peut-être que j'ai triché sur ma date de naissance pour être enrôlé...

Anselme : Un héros ?

Le soldat : Je voulais voyager.

Anselme : Tu as mal choisi ton moment.

Le soldat : J'étais impatient de voir la mer.

Anselme : La mer ?

Le soldat : Il me semble avoir traversé la mer. Et toi d'où viens-tu ?

Anselme : Je suis mineur fils de mineur. J'ai bouffé du charbon avant de savoir marcher. Chez nous on ne triche pas sur son âge. On est enrôlé d'office. On descend. On creuse. On remonte. Chaque jour on fait la même chose. Parfois on crache un peu de sang. Ça nous permet d'aller chez le médecin dans la rue d'à côté. On aime bien aller dans la rue d'à côté car en tout on voyage peu. Entre la naissance et la mort on parcourt quelques dizaines de mètres. Sous la terre.

Le soldat : Et la guerre ?

Anselme : La fosse quatre a explosé bien avant la guerre. Si ça se trouve toi tu n'étais même pas né...

Le soldat : Alors tu ne sais pas ce que c'est...

Anselme : La guerre on me l'a racontée. Tous les jours je croise des soldats de la Guerre de cent ans qui errent dans les souterrains.

Le soldat : La Guerre de cent ans ! On croit rêver ! La Guerre de cent ans est dépassée. La guerre de maintenant est une guerre moderne...

Anselme : Avec des morts modernes ?

Le soldat : Te fous pas de ma gueule...

Anselme : Tu as mis des siècles à remonter. Ce que tu appelles la guerre de maintenant n'est plus la guerre de maintenant. C'est une vieille guerre finie depuis des lustres. Elle est dépassée par les guerres d'aujourd'hui. Avec des morts d'aujourd'hui.

Le soldat : J'ai mis des siècles à remonter ?

Anselme : Tu es nouveau. Je ne t'ai jamais croisé dans les couloirs.

Le soldat : Quels couloirs ?

Anselme : J'ai croisé des bataillons entiers de moines soldats des vétérans britanniques et des gradés chinois. J'ai vu de mes yeux vu les soldats de l'Empire puis passer des Sarrasins qui demandaient leur chemin. Quelquefois je vois des Samouraïs des Cosaques des Comanches. Tous enterrés à la va-vite parfois même de leur vivant leurs corps marinant dans la glaise et qu'ils envoient par petits bouts affleurer sous les labours. Quand ils arrivent ici après un long voyage commencé dans les tréfonds ils s'accordent une petite pause. Par précaution ils tâtent le terrain envoient à la surface des signes de reconnaissance un morceau de tissu un bouton une lime à ongle. Et quand la voie leur paraît libre ils franchissent d'un coup la dernière étape les trente centimètres de terre meuble qui les rendent à la lumière du jour. A demi-sortis le corps cassé ils se donnent au premier venu...

Le soldat : Doucement... Vous qui me tirez par la manche... Promeneur ou paysan... Doucement... Je me réveille à peine... Je n'ai pas eu le temps de faire le point... Qui suis-je ? J'ai peu d'indices à vous donner et j'apparais par petits bouts : un doigt... une dent...

Anselme : On va te rassembler dans une boîte en fer blanc. Avec un peu de chance un jour tu seras nommé soldat inconnu et enveloppé dans un linceul de satin rouge.

Le soldat : Soldat inconnu ? On va me répertorier sans même me reconnaître ? Je n'ai pas de lime à ongle et plus aucun bouton mais sur le cœur un mouchoir tâché de sang. Je ne sais pas comment je suis mort mais en analysant ce mouchoir en dentelle vous pourrez sans aucun doute apprendre qui je suis. La science d'aujourd'hui ne possède-t-elle pas le pouvoir de lire dans le sang ?

Anselme : Un mouchoir. C'est moins bien que ton numéro de matricule mais c'est mieux que rien...

Le soldat : Comment t'appelles-tu ?

Anselme : Anselme.

Le soldat : Dis-moi Anselme... Toi qui connais ces souterrains comme ta poche... Toi qui sans doute as vu passer mes compagnons d'armes... Dis-moi... De quel côté ai-je combattu ?

Anselme : Un mouchoir dis-tu...

Le soldat : Tâché de sang... C'est tout ce qu'il reste de mon passé. Je ne sais même pas comment je m'appelle...

Anselme : Que dirais-tu de Gus ?

Le soldat : Gus ?

Anselme : Matricule 32356. 61e régiment d'infanterie. Tu es tombé au petit matin un jour de mauvaise pluie.

Le soldat : Comment le sais-tu ?

Anselme : Rose me l'a dit.

Le soldat : J'y comprends rien...

Anselme : C'est pourtant simple. Tu viens de remonter. Prépare-toi. Derrière la porte il y a quelqu'un qui t'attend...

Le soldat : Gus. Quel drôle de nom pour un soldat...

LA PORTE S'OUVRE. ENTRE ROSE, TENANT À LA MAIN SA LUMIÈRE.

Rose : Gus ? C'est toi ?

Le soldat, *HÉSITANT* : Euh... Maman ?...

Anselme, *AU SOLDAT* : Ne sois pas ridicule...

Le soldat, *À ANSELME* : Tout le monde peut se tromper...

Rose : Anselme ?

Anselme : Il y a du nouveau...

Rose : Bravo. Un doigt ? Une dent ?

Anselme : Et ce n'est pas tout...

Rose : Quoi d'autre ? Une clavicule ? Un humérus qui sent les grands espaces ?

Anselme : Un mouchoir en dentelle.

TEMPS. ELLE LAISSE TOMBER SA LUMIÈRE. NOIR.

Estafette

Le moral des troupes

UNE SALLE DE BAL DÉSAFFECTÉE. UN PLANCHER DISJOINT, DES MIROIRS. CONTRE LE MUR DU FOND, UN VÉLO. DANS UN COIN, QUELQUES PANIERS EN OSIER, SEMBLABLES À CEUX UTILISÉS POUR LE TRANSPORT DES PIGEONS VOYAGEURS. DEBOUT, AU CENTRE DE LA SALLE, GUS A LES BRAS EN L'AIR. TOINOU LUI FAIT FACE ET LE TIENT EN JOUE. AU LOIN, LE BRUIT DE LA CANONNADE.

Gus : Tire.

Toinou : J'peux pas.

GUS ÉCARTE LES BRAS.

Gus : Tire.

Toinou : J'peux pas.

Gus : Tire bordel.

Toinou : J'PEUX PAS !

GUS SE PRÉCIPITE SUR TOINOU, PLAQUE LA PAUME DE SA MAIN DROITE CONTRE LE CANON DU FUSIL.

Gus : Et comme ça ? *IL SE PRESSE LE VENTRE CONTRE LE FUSIL.* Comme ça ? *IL SE RETOURNE, SE PLAQUE LE FUSIL DANS LES REINS.* Comme ça ? *DE NOUVEAU, IL PLAQUE LA PAUME DE LA MAIN DROITE CONTRE LE FUSIL.* Tu peux pas me rater comme ça...

Toinou : Trop près.

Gus : Trop près ?

Toinou : Ta main... Trop près du canon du fusil. Si je tire maintenant la plaie sera trop nette et prouvera que le coup a été tiré à bout portant. Souviens-toi de ce qui est arrivé au plouc du 33e et du rapport du médecin militaire : "La présomption de mutilation volontaire ressort de ce que l'orifice d'entrée du projectile et le tatouage de la plaie siègent du côté de la paume de la main". La paume Gus. Se tirer une balle dans la paume de la main c'est de la pure folie...

Autant prendre rendez-vous tout de suite avec le peloton d'exécution sans même passer par la case conseil de guerre.

Gus : La case conseil de guerre envoie de toute façon au peloton d'exécution.

Toinou : Le plouc du 33ᵉ s'en est sorti vivant.

Gus : Sans les honneurs. *GUS S'EMPARE DU FUSIL ET SE VISE LE PIED.* Si ce trou dans le pied ne suffit pas je jure que je vais me passer le corps à la moulinette...

Toinou : De quoi tu me parles ?

Gus, *VISE SUBITEMENT TOINOU* : Fais pas chier Toinou. Fais pas chier...

Toinou : Tire. Vas-y. Tire. Fais-moi un trou dans le gras du bide. Un trou dans les muscles fessiers ou dans l'extérieur de la cuisse. Vise-moi ces bourrelets. C'est spongieux et plein de vaisseaux sanguins. Tire. Y'a pas de danger. Ça va pisser le sang sans abîmer les organes vitaux. Déchirer quelques centimètres carrés de chair humaine... Titiller les terminaisons nerveuses sans remettre en cause mon processus vital. Tire nom de Dieu. Là. Là. Ou là. Moi aussi Gus je fais dans mon froc quand je pense à l'assaut de cette nuit. Moi aussi je suis prêt à me décrocher la mâchoire ou à me retourner les dix doigts. Et si pour ça je dois passer devant le conseil de guerre je ferai comme tout le monde. Je jouerai mon va-tout. Je m'affalerai en pleurs. Ils me regarderont avec dégoût. Ils diront "Regardez ce plouc du 61ᵉ. Une vraie lavette. Elle nous a léché les bottes la salope". L'honneur je m'en fous Gus. J'ai peur...

Gus : Ta gueule Toinou...

Toinou : Tire mon ami. Et après tous les deux on ira dans les tranchées. On fera le tour des popotes. Bras dessus bras dessous. Moi comme une passoire et toi à la moulinette.

Gus : Ta gueule Toinou. Je ne passerai pas devant le conseil de guerre.

DE NOUVEAU, GUS VISE SA MAIN DROITE AVEC LE FUSIL.

Toinou : Et comment tu vas expliquer ce trou dans ta main ? Qu'est-ce que tu vas dire ? "Excusez-moi mon Général. J'étais dans la tranchée. J'ai voulu faire coucou aux merdeux d'en face... j'ai passé la main par-dessus bord et voilà que j'en ai perdu un bout ?"

Gus : J'irai pas devant le conseil de guerre. Plutôt crever.

Toinou : Merde. Quelque chose m'échappe. J'comprends plus. Tu veux crever ou tu veux pas ? Si tu veux crever monte à l'assaut. Cette nuit tu surgis dans le no man's land en levant les bras et en criant "taïaut". Tu vas te prendre une de ces giclées dans les pattes. Un flash du tonnerre qui va te faire danser sur place t'envoyer en l'air et te faire retomber lourdement dans la boue. Alors dans un dernier souffle tu pourras envoyer ton message à l'humanité entière. Quelque chose de bien senti du style "Ah la rouste de ma vie"... "Oh la belle bleue" ou tout simplement "Maman"... "Maman" Gus... "Maman"...

Gus : Je veux pas mourir Toinou...

Toinou : Alors retourne ta main bordel ! Je te l'ai dit cent fois... Tire pas du côté de la paume. Tire dans le dos de la main. Il faut que ça puisse passer pour une balle perdue. Un manque de chance acceptable sur un parcours de combattant. Allez. Vas-y. Serre les dents...

Gus : Et toi ? Qu'est-ce que tu vas faire toi ?

Toinou : Serre les dents. Moi je croise les doigts... *Gus éclate de rire.* Qu'est-ce qui te prend ?

Gus : Vas-y d'abord...

Il lui donne le fusil.

Toinou : Moi ?

Gus : Oui toi. Serre les dents.

Toinou : J'peux pas.

Gus : Tu crains rien. C'est moi qui croise les doigts...

Toinou : J'PEUX PAS !

Gus : Tout à l'heure tu voulais que je tire dans le gras du bide...

Toinou : J'ai changé d'avis.

Gus : Une vraie lavette... Ah mon estafette tu cours les routes mais t'es pas souvent sous la mitraille...

Toinou : Qu'est-ce que tu veux dire ?

Gus : On te voit pas beaucoup en première ligne...

Toinou : Quand je suis arrivé ici on m'a dit "Toi enfourche ton vélo et assure les liaisons avec l'arrière. Exécution". J'ai répondu "A vos ordres mon Général". Depuis je distribue le courrier de l'état-major et les messages codés. C'est pas donné à tout le monde. *Gus rit.* Enfoiré. Qu'est-ce que t'en sais toi de mes parcours en biclou dans la plaine ? Sur mon vélo je pédale comme un malade en essayant d'oublier que je représente une cible de choix pour des tireurs embusqués. La plupart du temps je roule à découvert. La peau trempée de sueur car je sens converger sur moi le regard de l'ennemi. Des merdeux en puissance qui sur les toits se poussent du coude en disant "On va faire un carton". Je sais. Je suis encore vivant. Sans doute ils ont tiré au sort un numéro et pour l'instant ils se contentent de compter mes passages. Le tir est ajusté. Le jour viendra où ils n'auront plus qu'à appuyer sur la gâchette. Ce jour-là ils ajouteront à la satisfaction d'avoir dégommé une estafette celle d'être tombé sur une mine d'or. Des dépêches militaires plus confidentielles les unes que les autres dont la saisie leur vaudra une médaille et les félicitations du Commandement Général. Tu vois Gus je suis peut-être pas avec vous autres dans les tranchées mais mon poste est aussi exposé que le vôtre.

Temps.

Gus : Tu parles beaucoup pour une estafette. Le jour où ils te tomberont dessus est-ce que tu sauras tenir ta langue ?

Toinou : Salaud.

Toinou s'empare du fusil, ajuste le tir.

Pigeons

Entre Jacquot, un panier d'osier dans les mains. Il ne prête aucune attention aux deux autres et se dirige vers le tas de paniers.

Gus, *les mains en l'air* : Ça va durer longtemps ?

Toinou : Bouge pas.

Jacquot : Quoi ?

Gus : Tu vois pas que tu nous déranges ?

Jacquot : Qu'est-ce que vous faites ?

Gus, *même jeu* : Ça se voit pas ? On répète. *A Jacquot.* Tu vas rester longtemps ?

Jacquot : Le bal est à tout le monde.

Gus, *imite une voix de perroquet* : Jacquot Jacquot...

Jacquot : C'est à moi que tu parles ?

Toinou : Bouge pas merde.

Gus : J'te cause pas toi. J'parle à ton perroquet.

Jacquot : C'est pas un perroquet c'est un pigeon.

Gus, *à Toinou* : Attends on fait une pause... *En direction du panier.* Jacquot Jacquot...

Jacquot : Tu sais pas lui parler.

Gus : Donne-moi ça... *Il s'empare du panier d'osier de Jacquot. Voix chantante.* Bonjour. Qui c'est qu'on va manger ? C'est Jacquot !

Jacquot, *tente de reprendre son panier* : Elle s'appelle pas Jacquot.

Gus : Elle ? C'est une fille ? Oh Toinou une fille ! Une fille parmi nous ! *Révérence.* Madame... Permettez... Accordez-moi cette danse...

Il valse avec le panier.

Jacquot : Arrête.

Gus : Laisse-moi danser Jacquot. Qui sait ce qu'on fera demain... On est dans une salle de bal non ?

Alors laisse-moi danser. Ça me délasse. Madame nous rend visite. Ici même sur notre lieu de cantonnement. Alors laisse-moi profiter de sa présence. Dansons. Quelques heures avant l'assaut. Je vais tenir ce petit bout de chou entre mes mains. Je lui ferai pas mal. C'est promis. Une fille. Et juste avant l'assaut. C'est inespéré...

IL GLISSE LA MAIN À L'INTÉRIEUR DU PANIER.

Jacquot : Qu'est-ce que tu fais ?

Gus : Quoi ? Je vais pas la bouffer...

Jacquot : Laisse-la tranquille. Tu vas la stresser...

GUS SORT DU PANIER UNE COLOMBE.

Gus : Oh... Petits pois lardons... Regardez-moi ça... Qu'est-ce que c'est ? Notre rata du dimanche ? Un envoi de nos marraines de guerre ? Une arme blanche ? Un nouveau modèle de grenade ? Elle roucoule. C'est une fille. Madame... Je ne connais pas l'objet de votre venue... Mais quel qu'il soit... Entretien du moral des troupes ou prévision culinaire soyez la bienvenue car vous améliorez notre ordinaire...

Jacquot : Elle s'appelle Cerise.

Gus : Cerise ? Drôle de nom pour un oiseau. Cerise. Pourquoi pas meringue ? Elle est blanche...

Jacquot : C'est un amour de pigeon voyageur. Petit cœur de pigeon. Comme les cerises. D'où son nom...

Toinou : Passe-la moi.

Gus : Encore un peu. Elle me tient chaud.

Toinou : Tu l'étouffes...

Gus : Bas les pattes.

Jacquot : Doucement...

Gus : Ça va. Je sais y faire...

Jacquot : Rends-la moi. C'est pas un jouet...

Gus : Quoi ? Un soldat ?

Jacquot : Oui. Cerise. Matricule 750. Fille de Sérénade et de Tambour Major. Elevée au pigeonnier militaire depuis le début des combats. Capable de voler malgré la brume et les bombardements. Frise les 80 km/h. Rejoint le pigeonnier en un temps record. Ouïe exceptionnelle. Par-dessus la canonnade Cerise entend le bruit des vagues. Ici. En plein continent. A mille lieues de l'océan...

Gus : Le bruit des vagues ! Ma colombe qu'est-ce que t'attends pour rejoindre la mer ?

Toinou : Fidélité au colombier...

Gus : Ce que je donnerais moi pour avoir des ailes...

Jacquot : Cerise connaît la guerre. Chaque jour elle survole nos charniers. Grâce à sa vision remarquable elle est capable d'y distinguer le moindre bras qui bouge...

Gus : C'est un petit chien d'avalanche ! Où qu'il est son Cognac ?

Jacquot : C'est un pigeon. Grand-père dit qu'ils ont dans la tête une véritable boussole.

Toinou : Sensibilité au champ magnétique terrestre. C'est ça qui explique leur sens de l'orientation.

Gus, À JACQUOT : Faut pas faire attention. Monsieur a vendu des encyclopédies...

Toinou, À GUS : Des dénoyauteurs...

Jacquot : Avant la guerre avec mon grand-père on a fait Rotterdam Bruxelles ou Barcelone. Partout on a joué aux pigeons. Mon grand-père est convoyeur. La veille des concours on emmène les bêtes des autres pigeonnistes sur les lieux de lâchers. Au petit matin à l'heure prévue en présence du commissaire on ouvre les cages. Des centaines de pigeons qui s'élèvent dans les airs et s'envolent dans la direction de leurs pigeonniers là-bas à des centaines de kilomètres. Le vainqueur est celui qui arrive le premier. On le promène en triomphe à travers toute la ville. Mais ça c'était avant la guerre. Aujourd'hui les concours sont interdits. L'armée réglemente la possession des pigeons voyageurs et a réquisitionné les meilleurs d'entre eux.

Gus : Sans blague ?

Jacquot : Un jour des soldats sont venus chez nous. Ils ont demandé nos papiers ont visité notre colombier et en désignant Cerise et Tambour Major un soldat a dit "On prend ceux-là". Moi j'ai dit "Je viens avec".

Toinou : Engagé volontaire. A ton âge...

Jacquot : J'ai fait mes preuves.

Gus : Pauvre Cerise... Toi aussi tu fais la guerre. Si tu tombes au champ d'honneur ma cocotte... Atteinte de plein fouet par les balles de l'ennemi... Arrange-toi pour tomber dans nos casseroles. Pas chez les bouseux. Ils ont pas les bonnes recettes...

Jacquot : Qu'on me donne une direction et un lieu à observer. Par ici c'est pas ce qui manque. Je mets Cerise dans son panier que j'emmène sur mon dos. Ensemble on se faufile partout. J'observe et j'écris ce que j'ai observé. La guerre c'est du renseignement. Je note sur un papier pas plus gros que ça. Il faut que ça puisse rentrer dans le tube en aluminium accroché à sa patte. Un baiser pour la route. Je la relâche et elle revient directement au colombier. L'ennemi coupe l'électricité ou brouille les ondes ? On s'en fout mon Général. Regardez là-haut ! Voilà Cerise qui ramène l'information. Alors là mon Général me dit "Je te félicite mon garçon. Toi et ton pigeon un jour vous aurez la médaille..."

Gus : Merde. Elle m'a chié dessus.

Toinou, *EN RIANT* : Ça porte bonheur...

Gus : Saloperie. Ma main...

IL REND FURIEUSEMENT L'OISEAU À JACQUOT.

Jacquot : C'est bon signe...

Gus : Non. On dit qu'un oiseau qui rentre dans une maison c'est un signe de malheur...

Jacquot : C'est pas un oiseau c'est un pigeon...

Gus, *À JACQUOT* : T'as vu ma main ?

Toinou : Ça va Gus. T'en as vu d'autres...

Gus : Ma main Toinou. Comme si elle était pas assez dégueulasse... Ma main... Merde... Ma main...

Jacquot : Ça va...

Gus, À *TOINOU* : Passe-moi le fusil...

Toinou : Quoi ? Tu vas pas...

GUS S'EMPARE DU FUSIL ET SE VISE LA MAIN.

Jacquot : Complètement dingue...

Gus, À *JACQUOT* : Qu'est-ce que t'as à me regarder comme ça ?

Jacquot : T'es bon pour le conseil de guerre...

Gus : Tire-toi minable.

Jacquot : Le bal est à tout le monde.

Gus : Tire-toi ou c'est ton perroquet que je flingue...

Jacquot : C'est pas un perroquet c'est un pigeon.

Gus : Ça va on a compris... Fous-moi le camp... Tes histoires c'est de la merde...

Jacquot : Pauvre type. T'es fêlé mais j't'en veux pas : ce soir tu montes en première ligne...

Gus, *VISE JACQUOT AVEC LE FUSIL* : Fous-moi le camp ! *JACQUOT SORT AVEC SON PANIER, GUS LE POURSUIT.* Ton soldat... Matricule 750... Cet oiseau de malheur... C'est pas lui qui va arrêter la guerre...

IL TIRE DANS LE TAS DE PANIERS D'OSIER.

Toinou : Qu'est-ce qui te prend ? Ça va pas ? Tu veux ameuter tout le bataillon ?

Gus, *GESTE AVEC LE FUSIL* : Quoi ?

Toinou : Oh. Du calme. Le bal est à tout le monde...

TEMPS.

Gus, *REGARDE AUTOUR DE LUI* : Le bal ? *IL TEND LE FUSIL À TOINOU.* Tiens. Fais-moi danser.

Musette

GUS ET TOINOU DANSENT. UNE VALSE LENTE ET MALADROITE.

Toinou : Adieu la vie... Adieu l'amour... Adieu toutes les femmes...

Gus : Parle-moi d'autre chose.

VALSE SILENCIEUSE.

Toinou : T'es prêt ?

Gus : C'est ta femme qui rigolerait...

Toinou : J'préfère pas...

Gus : A quoi tu penses ?

Toinou : Va moins vite...

Gus : Tu vas pas m'apprendre à danser...

Toinou : Tu bouges trop...

Gus : Ça me délasse...

Toinou : J'peux pas suivre. Tu bouges trop...

Gus : Tu vas pas m'apprendre à danser. Rose m'apprend à danser.

Toinou : Rose ?

Gus : La petite couturière de la ville d'à côté. Je l'ai vue hier.

TOINOU S'ARRÊTE DE DANSER.

Toinou : Gus t'as pas fait ça ?

Gus : J'ai quitté le cantonnement à la nuit tombée.

Toinou : C'est de la folie.

Gus : Personne m'a vu...

Toinou : Tu pouvais pas attendre une permission ?

Gus : C'est trop long. J'tiens plus...

Toinou : Comment t'as fait pour y aller ?

Gus : Gueule pas Toinou...

Toinou : Mon vélo ?

Gus : Gueule pas. Tu t'en sers pas la nuit.

Toinou : Salaud ! Il a piqué mon vélo...

Gus : C'est la troisième fois que je l'emprunte. Tu t'en es même pas aperçu. Je pars à la nuit tombée. Je roule jusqu'à la ville. Là-bas Rose m'apprend à danser. Le temps de faire quelques pas et je rentre avant l'aube. Gueule pas. Ton vélo t'en as pas besoin la nuit.

Toinou : Il a raison le gosse. Tu finiras devant le conseil de guerre. Et nous avec car tu vas tous nous faire plonger.

Gus : Faut pas exagérer... Rien qu'une petite balade à vélo... Dix kilomètres à tout casser...

Toinou : Et si pendant ton absence le capitaine faisait l'appel ?

Gus : J'ai besoin de me dégourdir les jambes...

Toinou : Et si on sonnait le rassemblement ?

Gus, *IMITE LA SONNERIE DU CLAIRON* : Taratata taratata taratata tata... Taratata taratata taratata tata... Rassemblement !

Toinou : Fais pas le con Gus...

Gus : Ô mes poilus ! Distribution de masques à gaz et de vivres pour deux jours ! Pas d'affolement. Y'en aura pour tout le monde. Montez vos sacs à dos. Dans la foulée échangez les adresses des familles et donnez vos dernières instructions. Exemple 1 : En cas de malheur qu'on transmette à ma femme mon stylo bille et ma blague à tabac. Exemple 2 : Je meurs en brave. Faites-le savoir. Ou encore : Qu'on brûle mon tricot de corps. Il pue l'attaque nocturne et la montée en ligne. Ô mon escouade ma compagnie mon bataillon... En colonne par quatre. Baïonnette au fusil et que ça saute ! Garde à vous ! Et ouvrez vos esgourdes. Message de notre Généralissime : "Au moment où s'engage une bataille dont dépend le sort du pays, il importe de rappeler à tous que le moment n'est plus de regarder en arrière ; tous les efforts doivent être employés à attaquer et refouler l'ennemi. Une troupe qui ne peut plus avancer devra, coûte que coûte, garder le terrain conquis et se faire tuer sur place, plutôt que de reculer. Dans les circonstances actuelles, aucune défaillance ne peut être tolérée.* Votre Généralissime." Cessez de trembler mes poilus et gardez pour vous vos impressions. Le bras tendu. Prenez la distance avec le mort-vivant qui vous précède. Au passage tapez-lui gentiment sur l'épaule en lui souhaitant bonne chance. Maintenant en avant ! Attendez mon Commandant. Quelqu'un manque à l'appel. Retrouvez-moi ce Gugusse et passez-le par les armes. Trop tard mon Commandant. L'énergumène a fauché le vélo de l'estafette et il est parti danser. Ah… Gugusse se dégourdit les jambes… Eh bien on va lui faire un bal musette. Au poteau le Gugusse et que six hommes le fassent danser. Soldats méditez bien le sort du condamné à mort et retenez la leçon. Rassemblement sur la place du village à deux heures. Trois kilomètres dans les boyaux de communication et vous débarquez dans les tranchées. Vous y retrouvez vos marques. La cagna. Les lits de camp les sacs de sable. Installez-vous et attendez. L'assaut est programmé pour la tombée de la nuit. Fermez le ban. Taratata taratata taratata tata…

Joffre, 6 septembre 1914.

TEMPS.

Toinou : Ça me fait pas rire Gus.

Gus : Moi non plus. Au moins souhaite-moi bonne chance…

Toinou : C'est l'heure ?

Gus : T'entends pas le clairon ?

Toinou : T'as ton barda ? Ta tente ? Ton masque à gaz tes cartouches tes grenades ton casque ton fusil ta pelle ton couteau ta musette tes gamelles et tes bidons ?

Gus : Dis. L'ennemi… Toi tu l'as vu l'ennemi ?

GUS ET TOINOU S'ÉTREIGNENT. GUS SORT.

Toinou : L'ennemi n'a qu'à bien se tenir. C'est la guerre. On mobilise et on rigole. Nicole t'as vu mon pantalon ? Dédé passe-moi ton képi moi je te passe mon ceinturon. Quelqu'un a vu mon tambourin ? Gilles Aubin Bruno les copains avec notre attirail on fait le tour des bistrots. On fait tinter nos verres et on claque des talons. Un clairon. C'est l'heure. Quelqu'un essuie une larme. Maman papa je vous aime. Le temps de prendre une photo. Tous à la gare. Nicole écris-moi. Embarquez-vous. Poussez pas derrière. Avance toi. Le con me tombe dans les bras. Merde. Un mort. Mon premier. Mort de trouille ou étouffé par la bande. C'est-y bête. On me tape sur l'épaule. Avance toi. Poussez pas derrière. Y a un mort. Je refile le paquet au suivant et j'avance. Dans mon dos j'entends que le mort se réveille. Ce n'était qu'un évanouissement. La nouvelle nous fait l'effet d'une bombe. C'est donc ça la guerre. Des morts qui se relèvent. Dans les trains aux fenêtres on prend la pose. On crie "L'ennemi n'a qu'à bien se tenir : nos morts se relèvent". Sur les quais des vivats et quelques mouchoirs blancs. Pleure pas Nicole. Je reviens dimanche prochain. Le train démarre. Séparons-nous. Un geste d'adieu et déjà le paysage défile. Dans les wagons quel silence... On est bileux mais ça passera. Sortez la gniole. Les gars secouons-nous ! On boit. On chante. Ça nous ragaillardit. Au petit matin on tient plus sur nos guiboles. On descend du train et on s'écroule. Pouf. Garde à Vous ! Un ordre vociféré nous rappelle qu'on est des hommes. Je vomis sur le quai. Aïe ! On me botte le cul. Je pense au martinet de ma grand-mère. Je me retourne. Maman. Un mec à cheval me toise de haut. Nouveau coup de trique. Je rassemble mon barda et en avant. On sort de la ville. On marche. Vingt kilomètres dans un sens. Trente dans l'autre. Marche et contremarche. A perte de vue des champs de blé parsemés de bleuets et de coquelicots. On en a plein les bottes. On sillonne la campagne en se demandant où est la guerre. Enfin on croise une charrette. Des gens livides dont le regard en dit long. On s'approche de ces visages pâles pour les questionner quand on découvre derrière eux trois mille de leurs semblables. Des vieillards des femmes des enfants des carrioles des voitures à bras et des cages à poules. C'est une file de réfugiés qui s'allonge jusqu'à l'infini. Tirons-nous. On prend nos cliques et nos claques et on coupe à travers champs. Soudain droit devant un cheval gonflé qui gît sur le sol les quatre fers en l'air. L'odeur est insupportable. Derrière la bête monstrueuse qui semble prête à éclater émergent des blessés sanguinolents qui s'accrochent à nos basques en criant "N'y allez pas !" On n'a pas le temps d'engager la conversation. Boum. Boum. Boum. La terre s'ouvre sous nos pieds. Des cratères gigantesques qui nous engloutissent en recrachant des silex et des os. Sauve qui peut. Une batterie d'artillerie a repéré notre colonne et nous canarde avant même que nous ayons atteint la ligne de front. On tombe les uns après les autres. Les copains Gilles Aubin Bruno relevez-vous. C'est la guerre. L'ennemi n'a qu'à bien se tenir. Pas de réponse. Je regarde autour de moi. Les copains Aubin et Bruno sont en mille morceaux et Gilles n'a plus toute sa tête. Le mort se relève. Son sang coule à flots. Il crie "A la guerre comme à la guerre" et part en vacillant affronter l'ennemi. L'ennemi. Parlons-en. Où est passé l'ennemi ? A la ronde des morts par milliers… mais pas la moindre trace d'ennemi. L'ennemi est planqué à des kilomètres derrière son canon gros comme une maison. *TEMPS.* J'ai pas vu l'ennemi Gus mais j'en ai vu d'autres. Des morts dans toutes les positions. A plat ventre couchés sur le côté debout appuyés contre un arbre le fusil à la main le genou en terre à quatre pattes le cul en l'air… Et cet autre tombé devant ma cagna dont le pied seul sort de la glaise et me sert de patère… Chaque soir j'y accroche mon casque. Chaque matin je l'y retrouve. Il est mort et me tient compagnie. Je sais pas comment il s'appelle. Je sais seulement qu'il est mort. Souvent je lui cire les pompes. Je passe ma main sur sa botte. Je lui dis "Soldat toi qui as gagné ta place au paradis je t'en prie intercède en ma faveur auprès du grand état-major. Que là-haut les anges veillent sur moi. Qu'on réveille ma grand-mère. Qu'on lui montre la situation dans laquelle je suis et qu'à son tour elle convoque les mânes célestes. Qu'à eux tous enfin ils unissent leurs efforts et me fassent parvenir ici-bas une carapace me permettant d'enfourcher mon vélo et de traverser la plaine sain et sauf. En résumé : Que je ne meure pas !" *Il s'empare de son vélo et s'apprête à sortir.* Non Gus je t'oublie pas. Et tant que j'y suis... Gilles Aubin Bruno puisque maintenant vous aussi vous êtes là-haut... dites à ma grand-mère et notez sur vos tablettes : Gus et Jacquot... eux aussi... qu'ils restent vivants !

Il sort.

Le pantalon rouge

La ville. Une chambre sous les toits. C'est la nuit. Gus est couché, endormi. Rose recoud un pantalon.

Gus, *se réveille* : Tu dors pas ?

Rose : Je répare ton pantalon.

Gus : Mon pantalon ?

Rose : Le bouton. Il va sauter.

Gus : Laisse tomber. Tu dors pas ?

Rose : J'ai fait un mauvais rêve.

Gus : C'est la guerre ?

Rose : Oui.

Gus : Viens.

Rose : C'est la guerre Gus. T'as besoin d'un pantalon.

Gus : Ça peut attendre demain.

Rose : Tu peux pas te battre sans pantalon. Qu'est-ce qu'on dirait...

Gus : Rose fais pas ça...

Rose : Quoi ?

Gus : Je t'en prie... T'es pas ma femme...

Rose : C'est gentil pour ta femme...

Gus : C'est pas ça que je veux dire... D'abord je suis pas marié...

Rose : J'ai rien demandé...

Gus : Je sais. Qu'est-ce que tu fais ?

Rose : Quoi ? Je recouds ton bouton. C'est interdit ?

Gus : En pleine nuit ?

Rose : Et alors ? Si j'ai envie de travailler en pleine nuit moi… Je suis couturière et insomniaque. J'aménage mes horaires comme je veux. Je supporte pas de voir ce malheureux bouton suspendu au bout d'un fil. On dirait qu'il est en train de se suicider. Rigole. Le jour où tu perdras ton pantalon tu seras moins fier. Cette nuit j'ai entendu pleurer ta boutonnière. C'est ça qui m'a réveillée. Je suis sensible oui. J'entends pleurer les boutons et les boutonnières de tout le bataillon. Est-ce que ça dérange quelqu'un ? Pendant que toi tu dors j'ai bien le droit de passer en revue les boutonnières de ta vareuse de ta capote et de tout ton fourniment. J'ai bien le droit de m'occuper de toi et de réparer ton beau pantalon.

Gus : Qu'est-ce que tu lui trouves à ce pantalon ?

Rose : Il est rouge.

Gus : C'est bien le problème. Tu nous vois monter à l'assaut avec ça ?

Rose : C'est joli.

Gus : Pour danser oui. Pas pour monter à l'assaut…

Rose : T'as raison. Viens. On va danser…

Gus : Hein ?

Rose : Lève-toi.

Gus : Rose je suis fatigué…

Rose : Allons… Lève-toi…

Gus : Rose…

Rose : Lève-toi c'est un ordre !

Gus : Pas ça…

Rose : Dansons. Tu seras mon cavalier.

Gus : Je sais pas danser…

Rose : Je vais t'apprendre...

Gus : Tu vas pas m'apprendre à danser...

Rose : Pourquoi pas ?

Gus : Il est trois heures du matin...

Rose : Et alors ?

Gus : Il est tard. Je suis fatigué. Demain je monte à l'assaut...

Rose : A l'assaut ? Un dimanche ?

Gus : Ou un autre jour... quelle importance...

Rose : Ils vous font travailler le dimanche ?

Gus : Rose c'est la guerre.

Rose : Et alors ? Te laisse pas faire. Dis-leur que t'as besoin de repos.

Gus : Rose je suis un soldat. J'obéis.

Rose : Et moi je te dis de venir danser...

Gus : Je suis engagé volontaire...

Rose : Désengage-toi... Oublie la guerre et viens danser...

Gus : C'est impossible.

Rose : Libre de s'engager libre de partir non ?

Gus : Tu connais pas la loi.

Rose : Quelle loi ?

Gus : Sais-tu ce que c'est qu'un tribunal militaire ? Procédure simplifiée pas d'instruction ni de recours en révision...

Rose : Tout ce que je sais c'est que tu veux pas venir danser...

Gus : Rose je suis enrôlé. C'est trop tard. Je peux plus me défaire de la guerre.

Il se lève et rassemble ses affaires.

Rose : Où vas-tu ?

Gus : Je m'en vais.

Rose : Déjà ?

Gus : Je dois rentrer. J'ai quitté le cantonnement sans permission. Si quelqu'un découvre mon absence je risque le conseil de guerre.

Rose : C'est ça ta loi ?

Gus : Je reviendrai la semaine prochaine...

Rose : La semaine prochaine tu seras loin... Vous avancez n'est-ce pas ? Combien de kilomètres par jour ?

Gus : Te fous pas de moi...

Rose : Je voudrais bien voir la tête de ceux qui ont inventé la guerre. Creuser des trous et manger de la boue. Tout un programme... On comprend que vos boutons aient envie de se pendre. Celui-ci tirait la langue. Je l'ai remplacé. Tiens. Voilà ton pantalon.

Gus : Un nouveau bouton ? Mazette !

Rose : Les boutons en ville c'est pas ce qui manque.

Gus : Vous en avez de la chance...

Rose : Je te ferai un colis. Des boutons des lacets du tabac des plumes de l'encre et du papier. Nous les filles on sait ce qu'il vous faut. De la ficelle aussi. J'y penserai. Le bruit court qu'elle vous sert à faire tenir vos pantalons. Ça se comprend le point d'honneur que vous mettez à faire tenir vos pantalons... mais une chose nous échappe : Soldats qu'est-ce que vous faites de vos boutons ? A l'usine les commandes de boutons affluent par centaines. De tous les régiments. On fabrique des milliards de boutons chaque semaine et ça vous suffit pas. Qu'est-ce que vous en faites ? Vous les avalez ?...

Gus : Rose dis pas n'importe quoi...

Rose : Maintenant va-t'en...

Gus : Attends. Rends-moi un service...

Rose : Quoi ?

Gus : Fais-moi un trou. Là. Dans les pans de la capote.

Rose : Qu'est-ce que t'as derrière la tête ?

Gus : Un petit trou dans la capote. Du côté droit. Entouré d'une zone roussie.

Rose : Demande-moi tout ce que tu veux Gus. De faire tes ourlets de rapiécer tes fonds de culotte mais pas de faire des trous.

Gus : Déchire le tissu. Approche la bougie et brûle tout autour. Tu comprends il faut que ça puisse passer pour une balle perdue. La main. La capote. Trajectoire implacable. Le capitaine n'y verra que du feu…

Rose : Tais-toi Gus.

Gus : Ce petit trou dans la capote c'est le détail qui valide la blessure de guerre.

Rose : Gus… tu vas pas faire ça ?

Gus : J'ai rendez-vous avec Toinou dans la salle de bal. On va voir ce qu'on peut faire.

Rose : La salle de bal ? Alors c'est lui qui va te faire danser…

Gus : C'est qu'un mauvais moment à passer. Je t'assure. Je vais rien sentir…

Rose : Gus… Ta main…

Gus : Il faut bien sacrifier quelque chose…

Rose : Arrête. C'est pas une solution.

Gus : J'ai peur Rose. Je veux pas monter à l'assaut.

Rose : Donne-moi ta main…

Gus : Tu crois que je vais mourir ?

Rose : Dis pas de bêtise.

Gus : Je vais mourir.

Rose : Allons. Qu'est-ce qui t'arrive ? Reprends-toi Gus.

Gus : C'est toi. Avec tes histoires de pas travailler le dimanche…

Rose : Voilà que ça me retombe dessus. Donne-moi ta main. Tiens.

Gus : Qu'est-ce que c'est ?

Rose : Demande-moi tout ce que tu veux Gus...

Gus : Une escarcelle ?

Rose : ...mais pas ça... pas déchirer ton manteau... non !

Gus : De la dentelle... Rose qu'est-ce que tu veux que je fasse d'une bourse en dentelle ?

Rose : C'est un mouchoir. Garde-le. Il est fragile mais il a déjà fait la guerre.

Gus : Qu'est-ce qu'il y a dedans ?

Rose : Ma mère l'a offert à mon père lors de la dernière guerre. Et avant lui mon grand-père l'a porté sur son cœur le jour du grand départ. Au front les hommes de chez nous en ont toujours fait bon usage. Dans l'urgence ils ont fait de ce mouchoir un garrot... Ils l'ont transformé en pharmacie... En pièce de rechange... Ils y ont transporté du camphre contre les odeurs. De la gaze... Du chocolat...

Gus : Du chocolat ? Quelle aubaine ! *IL OUVRE LE MOUCHOIR.* Merde. Des boutons...

Rose : Des boutons Gus. Pour tenir ton pantalon.

Gus : Rose...

Rose : J'ai fait un mauvais rêve. Je veux pas te voir revenir sans pantalon.

Gus : C'est la guerre. Je suis soldat. Fantassin. Autant dire de la chair à canon.

Rose : Parle pas comme ça. Prends ces boutons et reviens dimanche prochain.

Gus : Dimanche prochain ?

Rose : Tu seras là n'est-ce pas ?

Gus : Je peux pas m'avancer...

Rose : Reviens dimanche prochain. J'ai pas fini de t'apprendre à danser...

Rose : Un mauvais rêve Gus. C'est la guerre. Je te vois sur un radeau dans une mare de sang. Tu es sale. Trempé. Hagard tu arraches tes boutons. Tes vêtements sont en lambeaux et perdent leur maillage. Des kilomètres de fil s'amoncellent à tes pieds. Ta peau elle-même s'effiloche. Ta peau se détricote. Tu t'effaces et disparais. Il ne reste bientôt plus de toi que ta main ensanglantée trouée de part en part. Je vois cette main qui tient maintenant une pancarte. Je lis. "Gus le soldat a été détricoté car il s'est mutilé." J'entends. "Que sa main soit clouée sur la porte d'entrée de sa maison. Que son nom soit affiché dans sa commune comme traître à la patrie et voué au mépris de tous." Le sol se dérobe sous mes pas. Le magma se déchire. Du sang en geyser. Un radeau surgit de nulle part. Je monte à bord. Tu es là. Vivant. Tu montres ta main une belle main blanche intacte et tu cries "Rose n'écoute pas ce qu'ils disent. Ma main est sauve car j'ai fait mon devoir. Je reviens de la guerre et j'ai vu l'ennemi". Je cours pour te prendre dans mes bras et je m'aperçois alors que ton pantalon gît à tes chevilles. *Temps.* Idiote que je suis. J'ai oublié de te donner du fil et une aiguille.

Le carré blanc

Le plancher de la salle de bal. Les murs ont disparu. L'espace est ouvert sur la campagne environnante. Gus est attaché à un poteau. On a cousu un carré de tissu blanc à l'emplacement de son cœur. Ses boutons ont été arrachés et son pantalon gît à ses chevilles.

Gus : Dans la tranchée. Le Commandant nous passe en revue. Il dit "Courage mes braves. C'est l'heure". Sur ce il tend au capitaine un ballon de foot et dit "On fait comme on a dit". Quelqu'un dit "Qu'est-ce qu'on a dit ?" Au premier coup de sifflet on envoie le ballon dans la tranchée ennemie. Au deuxième coup de sifflet on part à l'assaut. C'est ça qu'on a dit. Rose regarde. Ma main est blanche. Luminescente dans la nuit noire. Je suis paré. Prêt à l'attaque. Ma tentative d'automutilation dans ma poche avec ton mouchoir par-dessus. Un tissu de dentelle. Quelques boutons.

Je suis paré Rose. Autour de moi l'univers est embrasé. Le spectacle féerique. Des fusées éclairantes. Des signaux de détresse. Je vois passer des sapeurs du génie armés d'énormes cisailles. Derrière eux toute une section de baïonnettes. Des pelles. Des pioches. J'entends parler de barbelés. Soudain deux coups de sifflet déchirent la nuit. En avant ! C'est parti. Nous sommes tétanisés. Le temps est suspendu. Seul un ballon vole dans les airs. Envoyé par-dessus bord par un capitaine énergique qui joint maintenant le geste à la parole. Il dégaine son pistolet nous vise ostensiblement et répète "En avant !" Lentement notre machine de guerre se met en branle. Les premiers éléments jaillissent de la tranchée encouragés par un lieutenant qui se prend pour un prof de sport "Hop hop hop". Les uns après les autres nos soldats s'élancent dans le no man's land et disparaissent dans la nuit en gueulant prières et chansons paillardes. C'est mon tour. Ô Rose je suis un fils de ma patrie. Mon jour de gloire est arrivé… Hop. Je sors de la tranchée. Hop hop hop. Au pas de gymnastique je cours derrière le ballon. Et pour me donner du cœur au ventre je me jette dans la recette du baba au rhum. Je cours et je gueule ma recette à pleins poumons. Soixante grammes de farine. Quarante-cinq grammes de fécule. Trente grammes de beurre. Entre deux ingrédients j'entends fuser les balles et je suis attaqué par des éclairs de lucidité. Soldats nous sommes sacrifiés sur un autel militaire. Victimes de bourrages de crânes et de levées de boucliers qui chatouillent notre animal désir d'en découdre et nous jettent dans les bras de l'ennemi. Refusons cette fuite en avant et retournons au bercail. Je dis "Camarades revenez. Courez pas derrière le ballon. C'est un leurre". Deux œufs. Un paquet de levure alsacienne. Cinquante grammes de sucre en poudre. Deux cuillères à soupe de lait. Où êtes-vous ? Répondez-moi. Le canon tonne et je suis tout seul au monde. Qu'est-ce que vous faites camarades ? Il faut battre les œufs entiers avec le sucre. En vrac ajouter la farine la levure et le beurre fondu. Ta gueule Gus. Couche-toi. Range ce putain de mouchoir blanc. Tu vas nous faire repérer. A bas la guerre camarades. Nous sommes des hommes.

Echangeons nos recettes et fraternisons. Holà vous autres. Pour le baba au rhum notez bien. Mettre la pâte dans un moule et faire cuire trente minutes à four chaud. Vous m'entendez en face ? A table ! Il faut démouler le gâteau et l'arroser avec un sirop de...

IL SE CABRE. ENTRE TOINOU, AVEC SON VÉLO, QUI SE PRÉCIPITE SUR LUI.

Toinou : Gus !

Gus : Trop tard. Sifflement lugubre suivi d'une détonation. Les cons. Ils auront pas la fin de la recette...

Toinou : Gus ! Tu es vivant !

Gus : J'ai vu l'ennemi Toinou. J'ai vu l'ennemi.

Toinou : Je sais. *IL DÉCOUVRE AUX PIEDS DE GUS SES INSIGNES ET SES BOUTONS.* Mais qu'est-ce que t'as fait de ton pantalon ? Gus... Tes insignes tes boutons...

Gus : Je vole Toinou. Et avec moi des dizaines de boutons échappés d'un mouchoir en dentelle. Je vole et je redescends sur terre. J'atterris en territoire ennemi. Dans une tranchée fantastique sillonnée en tous sens de fils de fer barbelés reliés entre eux comme une toile d'araignée. Je suis vivant. Je me relève et je le vois. Il est là. Au milieu d'un enchevêtrement de tôle et de madriers de chemins de fer. Il est beau. Harnaché comme un dieu dans sa tenue de camouflage. Un manteau vert foncé qui se confond avec la nuit. Sur la tête un casque à pointe. Des plumes des feuilles des branches. De grands yeux noirs terrorisés sous un maquillage de guerre. Il tremble. Je sais pas qui de nous deux a le plus peur de l'autre. Moi-même je claque des dents. L'un et l'autre rassemblés dans une même frousse. Face à face sur le fil ténu de la vie. N'osant pas appeler au secours de peur de basculer ensemble dans la mort. Des flashs de lumière aveuglants nous crachent la guerre au visage. Il pleure. Il parle... Que dit-il ? Il s'approche. Il tient quelque chose dans les mains. Une arme de poing. Va-t-il tirer ? Je pousse un cri et je recule. Pardonnez-moi mon Généralissime. Je peux plus avancer ni garder le terrain conquis. J'ai peur. Je recule devant la mort et je scelle mon sort. Je m'enfuis. Je bondis hors de la tranchée je jette un œil par-dessus mon épaule et j'aperçois ce valeureux guerrier qui me tend un ballon. Merde. Le ballon. Est-ce que j'ai rêvé ? Je cours. Je trébuche.

Toinou : Calme-toi.

Gus : Je remonte le no man's land à contre courant. Je croise nos assaillants qui disent "Gus qu'est-ce que tu fous ? Tu te trompes de direction. L'assaut c'est dans l'autre sens !" Quelques-uns uns me tirent par la manche. J'entends un vieux briscard s'époumoner "Gus fais pas ça. Ils vont pas tolérer ça". Rien n'y fait. Ni les prières des copains ni les admonestations du capitaine. Celui-ci a beau m'accueillir dans la tranchée avec une bordée d'injures et me menacer de son pistolet moi je refuse d'y retourner. Soldat vous reculez devant l'ennemi. Savez-vous ce qu'il va vous en coûter ? Mon capitaine vous pouvez bien me condamner. J'ai laissé derrière moi la trouille de ma vie. Je sais pas faire la guerre. Faites de moi ce que vous voulez. Gus soldat du 61e régiment d'infanterie vous passerez tout à l'heure devant le conseil de guerre. Cet homme est aux arrêts. Qu'on l'attache en public avec cet écriteau au-dessus de la tête : "Pour lâcheté devant l'ennemi". Rose je suis condamné à mort.

Toinou : Ô Gus... mon ami...

Gus : Toinou je veux pas mourir dans le déshonneur...

Toinou : Qu'est-ce que je peux faire pour toi Gus ?

Gus : Il faut réparer mon pantalon.

Toinou : Ton pantalon ?...

Gus : Il faut recoudre les boutons. Je veux pas mourir sans pantalon...

Toinou : Recoudre les boutons... Comment faire ? As-tu du fil et une aiguille ?

Gus : Rose... Il faut aller voir Rose... La petite couturière de la ville d'à côté...

Toinou : Rose...

Gus : Prends ton vélo et va sur la place du marché. Elle habite sous les toits. Tu demandes Rose. Je t'en prie Toinou... Fais vite...

Toinou : C'est impossible Gus...

Gus : Mon estafette... Dix kilomètres à vélo...

Toinou : C'est impossible... Déjà dans la prairie les troupes se rassemblent en carré. Quatre sergents quatre caporaux et quatre soldats sont désignés pour composer le peloton d'exécution. J'aurais pas le temps de faire l'aller-retour. J'arriverais trop tard Gus. Il faut trouver une autre solution...

Entre Jacquot, un fusil dans les mains, son panier à pigeon sur le dos. Il s'arrête au bord du plancher.

Gus : Entre Jacquot. Le bal est à tout le monde.

Jacquot : Je suis venu avec Cerise.

Gus : Toi et ton pigeon vous êtes les bienvenus. J'ai besoin de compagnie.

Jacquot : Le conseil de guerre m'a désigné pour te garder.

Gus : T'en fais pas mon garçon... Je serai sage. As-tu du fil et une aiguille ?

Jacquot : Quoi ?

Toinou, *à Jacquot* : Il veut recoudre ses boutons.

Gus : Je veux pas mourir sans pantalon. Jacquot il faut aller voir Rose et lui demander du fil et une aiguille...

Jacquot : Qu'est-ce que j'ai à voir là-dedans moi ?

Toinou : Gus la voilà la solution : l'oiseau. A tire d'ailes c'est l'oiseau qui va nous ramener le fil. Jacquot qu'est-ce que t'en dis ? Je prends mon vélo et j'emmène Cerise...

Jacquot : Non. Elle te connaît pas. J'y vais moi. Prête-moi ton vélo.

Toinou : T'es sûr ?

Jacquot : Oui.

Toinou : Tu sais ce que tu encours si on découvre ton absence ?

Jacquot : Oui.

JACQUOT ENFOURCHE LE VÉLO DE TOINOU.

Gus : Fais vite mon Jacquot... Tu demandes Rose. Elle habite sous les toits. Place du marché...

Jacquot : On peut pas vaincre le temps Gus. Même avec des ailes...

JACQUOT SORT, SON PANIER À PIGEON SUR LE DOS.

Gus : Toinou... Dis... Tu crois qu'on s'envole quand on est mort ?

Toinou : T'en as d'autres des questions ?

Gus : Toinou... Une dernière... Juste une dernière... Toi qui as vendu des encyclopédies...

Toinou : Des dénoyauteurs Gus... Des dénoyauteurs...

Gus, *PENSIF* : Des dénoyauteurs... Toinou... C'est quoi un dénoyauteur ?

TOINOU, SURPRIS, REGARDE GUS.

Toinou : C'est ça ta dernière question ?

Gus : Ils se sont emparés de mon mouchoir blanc et me l'ont cousu sur la poitrine. Pourquoi Toinou ?

Toinou : Pour aider à viser Gus. Pour tirer dans le cœur...

TEMPS.

Gus : Ce que je donnerais moi pour avoir des ailes...

Rose, un cri de détresse

La ville. La chambre de Rose sous les toits. Rose est à sa fenêtre et nourrit des pigeons.

Rose : Allons allons cessez de vous battre. Calmez-vous. Il y a du pain pour tout le monde.

On frappe à la porte.

Jacquot : Madame. Madame...

Rose : Qui est là ?

Jacquot : Je demande Rose madame. De la part de Gus...

Rose, *ouvre la porte* : Mon Dieu... Que s'est-il passé ?

Jacquot : Madame un pigeon... Une colombe... Je cherche une colombe...

Rose : Vous venez de la part de Gus ?

Jacquot : Une colombe... J'étais sur la place... Le temps de descendre de mon vélo et elle s'échappe de mon panier... D'en bas j'ai vu que vous nourrissiez les pigeons... C'est interdit madame... Nous sommes en guerre...

Il se dirige vers la fenêtre.

Rose : Monsieur ces pigeons ne sont pas à moi... Ils se posent sur mon appui de fenêtre mais je ne les connais pas... Je ne les nourris pas... Je ne lis pas leurs messages... Croyez-moi je sais le règlement... Je ne suis pas une espionne...

Jacquot : La voilà ! Cerise ! Madame cette colombe...

Rose : Je ne la connais pas... Je ne l'ai jamais vue...

Jacquot : Elle est à moi. Elle s'appelle Cerise...

Il s'empare de l'oiseau.

Rose : Mais qui êtes-vous ?

Jacquot : Jacquot. Soldat du 61e régiment d'infanterie. Responsable des pigeons militaires. Madame il faut faire vite. Avez-vous du fil et une aiguille ?

Rose : Mon Dieu. Son pantalon...

Jacquot : Oui madame. Vite. Donnez-moi du fil...

Rose : Idiote que je suis... J'ai oublié... A-t-il encore tous ses boutons ?

Jacquot : Il a reculé devant l'ennemi. Il est condamné à mort.

Rose : ... Gus... Ô Gus...

Jacquot : Madame je suis désolé. Il faut faire vite. Il veut pas mourir dans le déshonneur... sans pantalon... Donnez-moi vite du fil et une aiguille. Cerise va les lui rapporter... En quelques minutes elle peut franchir les dix kilomètres qui nous séparent de la salle de bal...

Rose : La salle de bal...

Jacquot : Madame je vous en prie... Je devrais déjà être de retour...

Rose : Mon rêve... Le radeau le fil ton pantalon à tes chevilles...

Jacquot : Madame !

Rose : Oui... *ELLE OUVRE UNE TRAVAILLEUSE.* Tiens. Du fil... Des aiguilles...

Jacquot : Il faudrait quelque chose pour protéger l'aiguille...

Rose : Du papier... Là... Sur la table...

Jacquot : Déchirez un petit morceau et glissez-le avec l'aiguille dans le tube à dépêches... Moi j'enroule le fil autour de sa patte. Bouge pas Cerise...

Rose : Tu trembles. Quel âge as-tu ?

Jacquot : Y'a pas d'âge madame. C'est la guerre. Du calme Cerise... C'est bientôt fini. Voilà ma belle.

ELLE LUI TEND LE PAPIER, IL INSÈRE L'AIGUILLE ET SON PAPIER DANS LE TUBE À DÉPÊCHES, PUIS ILS SE DIRIGENT TOUS DEUX VERS LA FENÊTRE.

Jacquot : Un baiser pour la route. Va Cerise. Va.

IL LÂCHE L'OISEAU, QUI S'ENVOLE.

Rose : Combien de temps ?

Jacquot : Quelques minutes.

Rose : Au fait Jacquot... Dis-moi... Qu'a-t-il fait de son mouchoir ?

Jacquot : Son mouchoir ? Un carré de dentelle... Ils le lui ont cousu à la place du cœur...

TEMPS.

Rose : Rose ! C'est un cri de détresse. Un SOS. Il crie mon prénom. Jacquot emmène-moi !

Jacquot : Hein ?

Rose : Emmène-moi je te dis ! Il crie. Je veux le voir.

Jacquot : Madame...

Rose : Dépêche-toi ! Viens. Je vais monter sur le porte-bagages.

ELLE OUVRE LA PORTE.

Jacquot : C'est interdit madame...

Rose : Il crie... Il attend...

Jacquot : Le règlement est formel : pas de femmes sur le champ de bataille.

Rose : Gus j'arrive !

Jacquot : Aïe aïe aïe... Qu'est-ce que je vais prendre !

Rose : Dépêche-toi Jacquot... Il nous reste peu de temps...

Jacquot : Abandon de poste vol du vélo de l'estafette et en plus je ramène une femme sur le porte-bagages ! Si avec tout ça je passe pas en conseil de guerre...

ELLE LE POUSSE DANS L'ESCALIER. ILS SORTENT.

Le radeau

LE PLANCHER DE LA SALLE DE BAL, OUVERT SUR LA CAMPAGNE ENVIRONNANTE. UN TROU DANS LE PLANCHER DISJOINT, UN TAS DE TERRE. C'EST UNE TOMBE. TOINOU EST SEUL, ASSIS À CÔTÉ DE LA TOMBE. CERISE SE TIENT SUR SON ÉPAULE.

Toinou, *ACCABLÉ, REVIT LA SCÈNE DE L'EXÉCUTION* : Tire. J'peux pas. Tire. J'peux pas. Je t'en prie Toinou... Tire... Donne-moi le coup de grâce... Calme-toi Gus. ... Toinou je perds mon sang. Regarde Gus ! Là-haut ! Voilà Cerise qui nous rapporte le fil. Tu diras à Rose que je serai pas là dimanche prochain mais que j'ai compris la leçon et que là-haut je vais me mettre à danser... Tu lui diras que je l'aime... ainsi qu'à ma famille... Tu diras à l'ennemi... à ce guerrier que j'ai croisé cette nuit... tu lui diras que je suis désolé... que j'ai pas su saisir la balle au bond... et tu diras à tout le monde... aux nôtres mais aussi à ceux d'en face... qu'il faut arroser le gâteau Toinou...

ENTRENT JACQUOT ET ROSE, AVEC LE VÉLO. ILS S'ARRÊTENT AU BORD DU PLANCHER.

Rose : Ah. Jacquot. C'est trop tard. Le radeau...

Jacquot : C'est un plancher madame. Une salle de bal.

Toinou : Ils t'ont cherché Jacquot. J'ai dit que tu avais été appelé d'urgence pour une mission délicate avec ton pigeon. Je t'ai remplacé. J'ai conduit Gus au poteau d'exécution. Cerise est arrivée trop tard. Elle s'est posée quelques instants sur sa tête puis elle s'est envolée...

Jacquot : C'est sa façon à elle de saluer l'âme du mort.

Toinou : Gus soldat du 61e régiment d'infanterie est amené devant les troupes rassemblées en carré. Un soldat lui bande les yeux. Un autre le fait mettre à genoux. Un troisième lit le jugement. Le piquet s'approche à six mètres. L'adjudant lève son sabre. Les douze hommes mettent en joue visent le carré blanc et tirent sur ordre de l'officier. Gus lève les yeux au ciel. Il crie "Rose" et il s'affaisse. Les troupes défilent devant le mort. Les hommes sont blêmes. Lèvres serrées. Quelques-uns murmurent. Entre les dents naissent des chansons. "Nous sommes tous condamnés Nous sommes les sacrifiés Ceux qu'on l'pognon Ceux-là r'viendront Car c'est pour eux qu'on crève Mais c'est fini car les troufions Vont tous se mettre en grève Ce sera votre tour messieurs les gros

De monter sur le plateau Car si vous voulez la guerre Payez-la de votre peau."** Le commandant s'emporte. Il dit "Le prochain qui chante passe en conseil de guerre. Rompez les rangs". Les troupes sont reconduites dans leurs quartiers. Les hommes rentrent lentement. On me désigne pour le coup de grâce. On me tend un revolver. On me dit "Le canon juste au-dessus de l'oreille et à cinq centimètres du crâne". *TEMPS*. Tire. J'peux pas. Tire. J'peux pas. Pardonne-moi Gus. J'ai pas pu tirer. J'en ai pas eu la force. Et puis jusqu'au bout j'ai cru au miracle. J'ai cru que le Conseil de guerre reviendrait sur sa décision. J'ai imaginé que le Généralissime en personne débarquerait de sa voiture en criant "Arrêtez tout". Que les soldats du peloton tireraient en l'air ou que leurs fusils s'enrayeraient de colère. Enfin j'ai cru au retour de Cerise. J'ai scruté le ciel avec impatience mais Jacquot dit "On peut pas vaincre le temps". Tu es mort dans le déshonneur Gus. Sans pantalon. Tu t'es pas relevé en souriant et les cloches ne nous ont pas annoncé à toute volée la fin de la guerre. Il n'y a pas eu de miracle. Tu t'es vidé lentement. *TEMPS*. Rose il vous a attendue. Il sera pas là dimanche prochain mais il vous aime. Il est mort. Il avait en poche trois sous une pipe un porte-crayon et un flacon de rhum... J'ai vidé le flacon. J'y ai mis ses papiers. Sa médaille de naissance et sa carte militaire. J'ai retourné le flacon et j'ai planté le tout sur sa tombe. Traces identitaires laissées aux survivants. Que tout le monde sache qu'ici repose le soldat Gus fusillé sur ordre de l'état-major pour avoir reculé devant l'ennemi.

Rose : Soldats je vais recoudre vos plaies. Vos membres arrachés et vos têtes décapitées. Vous verrez ce qu'une femme est capable de faire sur un champ de bataille. Je vais recoudre la terre. Je vais recoudre vos tranchées. Recoudre vos impacts de balles et vos trous d'obus. Sur vos peaux abîmées je vais coudre des ribambelles d'insignes de boutons de médailles et de décorations. Je vais coudre ensemble par leurs pantalons les va-t-en-guerre de tous bords. Sur les manches des officiers d'état-major je vais

** La chanson de Craonne

coudre leurs plans d'attaque. Je vais coudre le règlement avec vos réflexions. "Pas de femme sur les champs de bataille" avec "Les femmes foutent la pagaille" ou avec "Elles ne font que parler chiffons". Après vos réflexions je vais m'occuper de vos listes. Je vais coudre les listes des disparus avec celles des prisonniers. Et sur les monuments aux morts je vais repriser les noms. Il y a des trous dans vos listes. Moi j'en rougis de honte. J'érigerai un contre-monument. Pas une plaque de marbre ni une stèle en granit mais un monument de haillons. Soldats je vais coudre vos vêtements. Rapiécer vos pantalons et les étendre par-dessus les tombes. Je vais couvrir la terre d'un mouchoir de dentelle. J'y ajouterai des bouts de mâchoires avec des lambeaux de peaux. Des fragments d'os et des verres de lunettes. Des morceaux de tissus et des touffes de cheveux. Je m'avancerai sur ce linceul Gus. Je passerai par-dessus les tombes et j'irai voir l'ennemi. La femme de l'ennemi. Les enfants de l'ennemi. Nous nous regarderons. Nous reconnaîtrons ici ou là un battement de paupière ou un geste de la main. Alors nous parlerons de nos morts et ça nous fera du bien. Nous évoquerons leur souvenir. Nous rirons de nos peurs et de leurs petites manies. Je dirai "Je me souviens de Gus. Il se tournait toujours du côté gauche pour s'endormir".

Toinou : Rose je l'entends... Il me parle Rose. Je l'entends.

Rose : Qui ?

Toinou : Gus. Je reconnais sa voix. Je l'entends. Il dit "Toinou tu es une estafette. Transmets mon message".

Rose : Quel message ?

Toinou : Je danse Rose. Je danse.

NOIR.

Adieu Bert (II)

Un accessoire émergent

UNE ESPLANADE ET UN OSSUAIRE, ENTRETENUS PAR UN COUPLE DE VIEUX GARDIENS, ROSE ET "GUEULE CASSÉE". GUEULE CASSÉE, SON CASQUE DE MOBYLETTE SUR LA TÊTE, FAIT VOLER SES PIGEONS.

Rose : Lorsque tes pigeons se seront envolés et que nous resterons seuls me montreras-tu enfin ton visage ? Tu sais j'ai toujours dans la poche de ma blouse un tube de pommade miracle. Le baume du docteur Dermo. De quoi masser tes cicatrices et soulager ta douleur. Un jour je t'en enduirai le visage. N'aie crainte va. Je ne te toucherai pas aujourd'hui. Ce soir comme tous les soirs tu te glisseras dans le lit et moi je me tournerai sur le côté. Je ne te regarderai pas de travers lorsque tu ôteras ton casque. Je dormirai. Rêvant de folles escapades en mobylette. Toi tenant fort le guidon et moi sur le siège arrière. Comme deux amants au sortir d'une boîte de nuit. Tu te souviens de nos courses à vélo sur les champs de bataille ? Tu avais peur d'être dénoncé...

Gueule cassée : Cerise...

Rose : Cerise ! Ma pauvre Gueule cassée ! Ils t'ont mal remonté à l'hôpital militaire... Depuis des années tous tes pigeons s'appellent Cerise. Les blancs les noirs les jeunes les vieux les femelles et les mâles. Cerise Cerise Cerise... Ce n'est plus un élevage de pigeons c'est un arbre fruitier ! Nous sommes la risée de tout le voisinage. Ma pauvre Gueule cassée. Tu ne t'en remets donc pas ? Cerise est morte en pleine guerre. Abattue en survolant le territoire ennemi. Sans doute elle a fini à la casserole et ce fut une belle fin pour cet oiseau de malheur qui n'avait rien d'exceptionnel. Mon Jacquot... Gus est mort dans le déshonneur parce que ta Cerise n'a pas su arriver à l'heure. Soulève ton casque et entre ça dans ta caboche.

Gueule cassée : Ne m'appelle pas Jacquot...

Rose : Jacquot Jacquot... Joli nom pour un éleveur de poules.

Gueule cassée : Tais-toi.

Rose : C'est Gus qui t'avait surnommé Jacquot n'est-ce pas ?

Gueule cassée : J'élève des pigeons pas des poules...

Rose : Tu sais moi... en dehors des moutons...

Gueule cassée : Ce sont des voyageurs exceptionnels et toi tu ne les aimes pas. Hier matin j'ai trouvé deux oiseaux morts dans le pigeonnier...

Rose : Tu les épuises avec tes vols d'entraînement...

Gueule cassée : Rose si je gagne le concours on s'en ira.

Rose : Tu quitterais l'ossuaire et le kiosque à souvenirs ?

Gueule cassée : On ira faire un tour en mobylette.

Rose : Toi tenant fort le guidon et moi sur le siège arrière ? Je plaisantais mon Jacquot. On n'a plus l'âge des balades à vélo.

Gueule cassée : Rose... C'est un concours international. Envol au petit matin depuis les grandes plaines de l'est. Trajet exceptionnel avec franchissement des frontières. Mes pigeons et moi on a une carte à jouer. Le Ministère met pas mal d'argent dans le concours. C'est un vol de prestige. Historique. Une réconciliation par-dessus les tombes...

Rose : En parlant de tombe il y a du nouveau...

Gueule cassée : Tu as trouvé ton soldat inconnu ?

Rose : Non. J'ai tamponné le bon de sortie mais les experts ont un doute sur sa nationalité.

Gueule cassée : J'irai faire un tour dans l'ossuaire. Je t'en trouverai un moi. Un gars robuste pas trop amoché dont le manteau présente encore des boutons qui nous permettront de déterminer son origine. Quelle nationalité ?

Rose : Canadien.

Gueule cassée : Canadien... Un veinard qui va rentrer à la maison dans un cercueil en bois d'érable...

Rose : Il me faut aussi un Australien un Marocain un Sénégalais... Le monde entier s'est battu par ici et chaque pays veut récupérer son soldat inconnu...

Gueule cassée : Ils ont raison de se dépêcher. Les soldats inconnus c'est du passé. Bientôt les empreintes génétiques vont les rendre tous identifiables.

Rose : Qu'est-ce qu'on va devenir ?

Gueule cassée : La guerre d'aujourd'hui nous promet encore de belles années.

Rose : Ma pauvre Gueule cassée... Si j'avais su qu'on passerait toute notre vie à relever les morts... Je t'ai connu enfant quasiment... Tu m'appelais madame et maintenant quel âge as-tu ? Tu trembles. Tes mains semblent si vieilles... Et ta moustache... Tu fais plus que ton âge mon Jacquot...

Gueule cassée : Y'a pas d'âge Rose. C'est la guerre. Alors ce nouveau ?

Rose : Il est sorti ce matin dans l'enclos numéro quinze au milieu des moutons.

Gueule cassée : Pauvre gars. Passer des siècles à remonter la pente débouler dans un carré d'herbe grasse et se faire brouter par les troupeaux du Ministère... Comment est-il ? Entier ?

Rose : Emmailloté dans une vareuse qui semble avoir bu tout son sang. Je n'ai pas osé la soulever pour voir l'état du squelette. Je n'ai rien touché. Mais j'ai aperçu sur son cœur quelque chose d'intéressant... un accessoire émergent...

Gueule cassée : Une lettre un carnet de croquis une blague à tabac ?

Rose : Un mouchoir en dentelle. Lui aussi tâché de sang. *TEMPS.* C'est arrivé mon Jacquot. C'est lui. Gus est revenu parmi nous.

Gueule cassée : C'est impossible Rose.

Rose : Pourquoi ?

Gueule cassée : Ne m'appelle pas Jacquot !

Noir.

L'homme qui tremble

L'ossuaire et ses fantômes : Anselme, Le soldat... Entre Rose qui tient à la main sa lumière.

Rose : Je ne l'ai jamais revu. Avec Jacquot on passe des années à sa recherche. On sillonne des champs de bataille on parcourt des listes de morts et de disparus affichées dans des halls de mairies. Un jour dans une mairie sinistre sur un coup de tête Jacquot et moi on se marie. Tels quels. Moi avec ma blouse à fleurs et lui avec son casque sur la tête. Le maire dit "Vous pourriez vous découvrir". Jacquot répond "Je suis une gueule cassée". Je me retourne vers Jacquot et je le regarde. Depuis combien de temps je n'ai pas vu son visage ?

Anselme : Moi aussi j'ai un casque sur la tête.

Rose : Jacquot c'est un bon garçon. Il reste à mes côtés. En silence. Cache sous son casque son amour propre et ses blessures de guerre. M'aide à refaire surface. Construit de ses mains ce kiosque du souvenir qui reçoit le label du Ministère...

Anselme : J'ai mis une couverture de cheval sur ma tête pour protéger la brûlure que je me suis faite en tombant sur la lampe.

Rose : Anselme ? C'est toi ?

Anselme, *brandit la vareuse du soldat* : Regarde comme je suis beau... J'ai un casque sur la tête une veste rouge et un mouchoir en dentelle.

Rose : Pilleur de tombes... Donne-moi ce mouchoir.

Anselme : C'est à moi. Le nouveau me l'a donné.

Rose : Ce soldat on ne sait pas qui c'est... Les experts ont besoin de son mouchoir pour déterminer son identité. Donne-le moi et aussi la vareuse et le pantalon rouge.

Anselme : La vareuse est rouge. Pas le pantalon.

Rose : Tu es bigleux. Les rats t'ont bouffé le visage.

Anselme : Je suis mort mais je sais les couleurs du monde. Ce pantalon est marron peut-être mais pas rouge.

Rose : Il a séjourné sous la terre... A perdu sa belle couleur...

ECHANGE DE REGARDS ENTRE ANSELME ET LE SOLDAT.

Anselme : Il dit qu'il ne se souvient pas d'un pantalon rouge.

Rose : ... Tu l'entends ?...

Anselme : Il dit qu'il a là une lettre de sa famille...

Le soldat : Dans la poche de mon pantalon...

Rose : Comment est-il ?

Anselme : Fatigué. Sa vareuse est tâchée de sang.

Rose, *S'EMPARE DE LA VAREUSE* : Du sang. Noir. Epais comme de l'huile de vidange. Pulsé dans les artères par un cœur qui bat la breloque à chaque montée en ligne. Du sang de soldat. Pas du sang de navet. Soumis aux changements de température. Capable de sacrifier quelques doigts de pied au gel nocturne pour remonter au cœur et sauver ce qui peut encore l'être. Du sang qui n'abandonne pas facilement la partie même s'il a peur du bruit. Du sang battu en brèche qui perle à grosses gouttes autour des plaies. Des cicatrices qui tirent la peau. Des croûtes qui cèdent sous le frottement des uniformes et des blessés qu'on rafistole en les imbibant d'alcool à faire passer la douleur du monde. Une tournée générale qui ne fait pas dans la dentelle.

ELLE REND SA VAREUSE AU SOLDAT, ENLÈVE LENTEMENT SA BLOUSE À FLEURS.

Anselme : Qu'est-ce que tu fais ?

Rose : J'en ai assez de prodiguer des soins tatillons à des momies désarticulées qui vivent hors du temps. Aujourd'hui ce soldat est apparu dans un carré d'herbe grasse et je ne sais pas pourquoi en moi un ressort s'est cassé. Je rends cette blouse à fleurs qui est ma seconde peau et dans laquelle je n'ai pas vu passer ma vie de femme. Ce nylon m'empêche de respirer et menace à chaque instant de s'enflammer au contact des feux follets. Ce n'est pas un bon vêtement de travail pour toiletter les morts. Anselme ne me regarde pas.

Anselme : Je ne suis plus un enfant...

Rose : Tu fais plus que ton âge...

Anselme : Tu me vois ?

Rose : Oui. Tel que je l'imaginais. Des mains de fossoyeur et de grands yeux clairs.

TEMPS.

Le soldat, *RECOUVRE SOUDAIN LA MÉMOIRE* : Je me souviens... Je passe la nuit dans une infirmerie souterraine... Au petit matin on amène à côté de moi un pauvre diable sans pantalon. Il est terrorisé et tremble de tous ses membres. *IL S'ADRESSE À GUEULE CASSÉE, QUI APPARAÎT DANS L'OMBRE.* Je lui dis "Comment t'appelles-tu ?" Il s'enroule dans les draps plaque son casque contre son visage. Je tombe dans l'inconscience. Lorsque je me réveille à côté de moi la place est vide. Je demande à l'infirmière "Le voisin il est mort ?" Elle me regarde sans me voir et hausse les épaules. L'infirmière est occupée. J'ai froid. Sur le corps une vareuse ensanglantée qui ne vaut pas ma veste canadienne. Le salaud s'est enfui avec mon uniforme. Encore un déserteur qui cherche à se faire oublier. Si je meurs maintenant qui retrouvera l'homme casqué pour lui casser la gueule ? Et aussi : dans cinquante ans lorsqu'un cultivateur affairé tombera sur ma dépouille saura-t-il mettre de côté cette veste ensanglantée et son mouchoir en dentelle pour pousser plus avant les investigations et fouiller dans la poche de mon pantalon ?

Il tire un papier froissé de sa poche. Anselme s'en empare.

Anselme : Une lettre de sa grand-mère ! *Lisant.* "Trois pots de confiture de bleuet et du sirop d'érable. Des chaussettes de trappeur et de la graisse de caribou." Ça sent l'inventaire d'Amérique... *Au soldat.* Ta grand-mère est épicière ?

Rose : Un colis canadien...

Anselme : Le voilà ton soldat inconnu. Eh bien... Qu'est-ce que tu attends pour passer ta langue sur sa rotule ?

Rose : J'ai rendu mon tablier.

Le soldat, *à Rose, comme si elle était l'infirmière* : Le voisin il est mort ?

Anselme : Calme-toi. Ton avenir est assuré. Les experts vont te nommer soldat inconnu et te renvoyer sur ton sol natal. Les hommes d'aujourd'hui vont bien tiquer un peu en apprenant l'existence du mouchoir mais puisqu'il y a eu échange de vareuse tout ça ne résistera pas à une comparaison d'ADN... Félicitations mon garçon. Qui que tu sois... Antonin William ou Bert... tu as gagné ton billet retour...

Le soldat : Comment dis-tu ? Bert ?

Anselme : Matricule 56432. 17e corps d'armée. Tu es arrivé de ton pays pour combattre sur la crête et repousser l'ennemi. Tu t'es vaillamment battu. Tu es tombé au petit matin un jour de mauvaise pluie.

Le soldat : Comment sais-tu tout ça ?

Anselme : Simple hypothèse... Et puis il faut bien t'inventer une vie puisque la lettre de ta grand-mère est déchirée et qu'elle ne nous permettra pas de déterminer ta véritable identité. Il faut bien t'appeler par un prénom. Pourquoi pas Bert...

Le soldat : Tout à l'heure tu disais Gus...

Anselme : Il y a eu échange de vareuse. Ce voisin qui pleurait dans son casque celui-là même qui s'est enfui avec ton uniforme c'est lui qui s'appelle Gus. *Regard*

VERS GUEULE CASSÉE. Il t'a déposé une veste sur les épaules. La voici. Rouge mais intacte. Elle a fait la guerre mais on a beau l'observer sous toutes les coutures on n'y décèle pas le moindre trou.

Rose : Qu'est-ce que ça veut dire ?

Anselme : Pas de trou : Gus n'est pas mort fusillé.

Rose : Sa vareuse est pleine de sang…

Anselme : A la guerre le sang c'est pas ce qui manque…

Rose : Toinou l'estafette nous a dit qu'il était mort au petit jour. Exécuté d'une balle dans le cœur… Jacquot et moi on a vu la tombe.

Anselme : Et après ?

Rose : Après je ne sais plus. Le temps a passé. J'ai creusé de mes mains. Des fosses communes… Des milliers de corps… Dieu sait ce qu'il est devenu. *GUEULE CASSÉE ÔTE SON CASQUE, ON RECONNAÎT GUS.* Qui va là ?

Gueule cassée : C'est moi.

Rose : Qui moi ?

Gueule cassée : Tu ne me reconnais pas ?

Rose : Approche. Que je te vois dans la lumière.

Gueule cassée : Je viens rarement par ici.

Rose : Es-tu mort ou vivant ?

Gueule cassée : Tu as toujours ta pommade ?

Rose : Gueule cassée ? *TEMPS.* Qu'est-ce que tu as fait de ton casque ?

Gueule cassée : J'ai eu un accident.

L'accident

L'OSSUAIRE ET SES FANTÔMES, ANSELME, LE SOLDAT ET DÉSORMAIS GUEULE CASSÉE... C'EST-À-DIRE GUS.

Rose : Gueule cassée part en pleine nuit avec son panier d'osier fermement attaché sur le porte-bagages de sa mobylette. A la lumière de son petit phare il roule sur la nationale. Direction les grandes plaines de l'est. Deux heures de route avant d'atteindre la frontière. Tout va changer. Ses pigeons sont des champions et Gueule cassée a le secret espoir de gagner le concours. Au kilomètre 33 à la sortie d'un virage la mobylette glisse sur une plaque de verglas. La lumière du petit phare monte dans le ciel et se perd dans le noir. Les roues tournent dans le vide. Le panier d'osier se détache et libère ses pigeons. C'est un vol de prestige. Des Cerises par-dessus une tombe. Gueule cassée plane quelques instants parmi ses oiseaux puis il retombe sur le bitume. Au petit matin on retrouve son corps sur la nationale à côté de la mobylette. Qui frappe en pleine nuit contre la porte de l'ossuaire ? Malheur à moi. Un nouveau fantôme vient d'arriver. Tête nue il arbore un triste sourire qui semble dire "C'est moi". Gus. A la lumière de ma lampe je te reconnais. Notre destin s'accomplit et nous montre enfin son vrai visage. Mille éclats de vérité me pénètrent la peau et me font un linceul abrasif. *ELLE CARESSE LE VISAGE DE GUEULE CASSÉE.* Je reconnais ta gueule cassée qui n'a jamais si bien porté son nom. Gus. Je reconnais ton inaptitude à danser ton goût pour le baba au rhum et sur ton visage parcheminé je reconnais surtout les marques d'un casque de mobylette. Gus c'est bien toi n'est-ce pas ? Je ne peux pas y croire. Tu as passé toutes ces années à mes côtés sous une fausse identité prenant la place de Jacquot et élevant ses pigeons voyageurs... Chaque nuit dans le lit tu te tournais sur le côté gauche pour ne pas me montrer ton visage. Pourquoi ? Je suis aveugle. J'ai palpé la maigreur de tes mains mais je n'ai pas compris ce que tu cachais derrière cette grosse moustache de poilu. Gus ce casque de mobylette...

Gueule cassée : Ils m'ont laissé pour mort... Je me suis évanoui et me suis réveillé bien vivant dans un amas de corps. Voilà des années que je ne peux pas regarder ce fiasco en face. Comment vivre avec une mort qui ne veut pas dire son nom ? Autant se terrer dans un coin crier dans ses mains et se cacher le visage. Ils m'ont raté Rose. Ce casque de mobylette c'est tout ce que j'ai trouvé pour m'étouffer à petit feu...

Rose : Et moi qui grattais la terre à la recherche d'un mort...

Gueule cassée : C'est fini. Tout est rentré dans l'ordre maintenant.

Rose : Gus que s'est-il passé sur la nationale ?

Gueule cassée : Un accident. Le temps immobile s'est brusquement détendu comme un ressort trop longtemps comprimé et c'est comme si la balle tirée par le peloton d'exécution m'avait enfin rattrapé. Je suis tombé tout près d'ici. A peine quelques minutes à vol d'oiseau...

Rose : Des étincelles qui crépitent dans la nuit. Un arc électrique qui relie ta mobylette à ma blouse en nylon. Je comprends maintenant le frisson qui m'a parcouru l'échine.

Gueule cassée : On dit "La mort qui passe..."

Rose : Qu'elle m'emporte avec elle.

Adieu Bert

L'OSSUAIRE.

Gueule cassée : Je m'écroule sur la déflagration. Je suis mort ? Un deux un deux... Quelqu'un m'entend ? Est-ce que je suis mort ? Un deux un deux un deux... Battements d'un cœur à rompre la poitrine. Bouge pas. Laisse couler le temps. Un filet de bave entre les lèvres. Mort ou vivant c'est pareil. Je patauge dans une prairie. Toinou... Est-ce que je suis mort ? Je me réveille dans un amas de corps. On me jette dans une fosse commune. J'en sors en rampant comme un ver.

Quelqu'un me ramasse en pleine nuit. Brancard ou cercueil ? J'ouvre les yeux. C'est une infirmerie. Le voisin me dit "Comment t'appelles-tu ?" Je me lève. Je vole sa veste militaire et je m'enfuis. Des kilomètres dans la campagne. Un lit sous les toits. Je m'allonge du côté gauche et m'endors comme une masse. Je me réveille au petit matin le casque sur la tête. Une femme est allongée à mes côtés que je ne reconnais pas. Je dis "Madame madame". Elle non plus ne me reconnaît pas. Elle pleure. Elle dit "Il est mort ?" Je ne réponds pas. Je reste là. Tétanisé.

Anselme : Et Jacquot ?

Gueule cassée : Quoi Jacquot ? Ne m'appelle pas Jacquot !

Anselme : Jacquot. Le vrai Jacquot. L'éleveur de pigeons. Qu'est-ce qu'il est devenu ?

Gueule cassée : Est-ce que je sais ? Il est parti. Il est mort un peu plus tard…

Anselme : A qui tu vas faire avaler ça ?

Gueule cassée : C'est pourtant ce qui s'est passé.

Anselme : Des histoires comme la tienne c'est bon pour les journaux ou la télé. "Elle partageait le lit d'un mort-vivant sans le savoir" ou "Trente ans après la guerre un soldat sort de son trou en criant Ne tirez pas". Du baratin…

LA PORTE S'OUVRE. ENTRE ROSE, UNE LUMIÈRE À LA MAIN.

Rose : C'est fini. Tout s'est déroulé comme prévu. La sonnerie aux morts. Le lâcher de colombes. Son corps a été déposé dans un cercueil en bois d'érable que l'on a refermé en disant "Ce brave soldat connu de Dieu seul". On a pensé à sa grand-mère et tout le monde s'est congratulé. Les prélats les représentants du ministère les experts et les soldats en tenue d'apparat. Quelqu'un a prélevé cette terre à la petite cuillère. Il paraît qu'elle sera mélangée à celle de toutes les provinces de son pays pour être déposée dans sa tombe. Là-bas son cercueil sera descendu dans un sarcophage de granit surmonté d'un relief de bronze représentant des rameaux d'érable et des sauvages. Là-bas dans les souterrains avec sa couverture sur la tête il ressemble à un agent de la circulation. C'est lui qui indique leur chemin aux soldats et qui régule le trafic. Il n'a pas son pareil pour accueillir les morts. On dirait qu'il a fait ça toute sa vie. Ici un groupe de canonniers japonais en transit là un démineur de l'Armée rouge. Grâce à lui chaque jour une armée hétéroclite se met en marche. Des poilus et des hussards des arbalétriers et des lansquenets. Ces fantômes traînent la patte mais il faut les voir recouvrer lentement leurs esprits et tomber dans les bras des uns des autres en hurlant de bonheur : Hourrah on rentre à la maison. *TEMPS.* Anselme ? Je ne sais pas si tu m'entends. Ils m'ont installé sur le pont du bateau. Mon cercueil est gardé nuit et jour mais je n'ai pas de mal à tromper la vigilance des soldats en tenue d'apparat. De jeunes recrues qui ont besoin de sommeil et qui piquent du nez sous le soleil. Je me promène sur les coursives je m'accoude au bastingage et je parle aux dauphins. Je leur dis combien je suis heureux. Anselme. C'est beau la mer. Une immense étendue d'eau qui accueille en miroir tous les regards du monde...

LE SOLDAT DISPARAÎT. LA LUMIÈRE DU SOLEIL PÉNÈTRE DANS L'OSSUAIRE.

NOIR.

Lansman Editeur

65, rue Royale B-7141 Carnières-Morlanwelz (Belgique)
Téléphone (32-64) 23 78 40 - Fax/Télécopie (32-64) 44 31 02
E-mail : info@lansman.org
www.lansman.org

Estafette - Adieu Bert
est le cinq cent quatrième ouvrage
publié aux éditions Lansman
et le treizième
de la collection "Théâtre à l'affiche"

Les éditions Lansman bénéficient du soutien
de la Communauté Française de Belgique
(Direction du Livre et des Lettres)
et de l'Asbl Promotion Théâtre

Composé par Lansman Editeur
Achevé à l'imprimerie Daune (Morlanwelz)
Imprimé en Belgique
Dépôt légal : septembre 2005